AF591731

JEAN-LOUIS BURNOUF

SOUVENIRS DE JEUNESSE

1792-1796

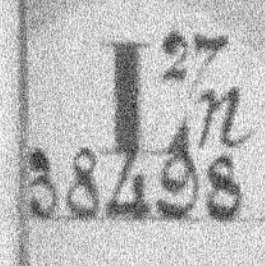

JEAN-LOUIS BURNOUF

SOUVENIRS DE JEUNESSE

1792-1796

... qu'un fragment de correspondance comprenant six lettres d'un tout jeune homme, pauvre et orphelin, sorti du collége au plus fort de la Révolution, sans ressources et sans appui, qui retrouve, deux ans plus tard, un condisciple bien-aimé et qui lui raconte les détails de sa pénible vie.

Émanant d'un esprit juste, d'un cœur simple et bon, empreintes de franchise, de sincérité et du plus rare bon sens, ces lettres, écrites dans le court espace d'une année, du 3 août 1795 au 28 août 1796, peignent bien l'état des choses et des esprits dans une ville de province, et, malgré certaines expressions que la mode imposait alors, elles laissent pressentir le futur traducteur de Tacite, au style sobre et élégant, l'auteur de tant de beaux ouvrages d'une clarté et d'une logique incomparables.

Elles sont suivies d'un extrait du *Palmarès* du Concours général de l'année 1792, où Jean-Louis Burnouf, le pauvre orphelin, boursier du Collège d'Harcourt, remporta le prix d'honneur, et du récit, par un témoin oculaire, des scènes de désordre qui troublèrent la cérémonie. Les moindres faits empruntent de l'intérêt à cette terrible époque.

Il a fallu faire précéder les lettres d'un touchant billet de M. Poiret, qui explique comment nous les avons connues et comment nous les reproduisons ici, d'après une copie, fidèle assurément, mais non d'après les originaux eux-mêmes, qui sont aujourd'hui égarés ou détruits.

C'était un devoir, tout à la fois impérieux et doux, de partager notre petit trésor avec notre chère famille et de lui procurer la joie de lire ces pages intimes que l'amitié a dictées, que l'amitié a voulu conserver et que tout contribue à nous rendre précieuses. Si nous les possédons après un siècle, après toutes les vicissitudes et toutes les causes de destruction auxquelles sont exposées de légères feuilles sans importance, nous le devons à l'affection profonde, inaltérable, mêlée d'admiration, que Jean-Louis Burnouf a inspirée à Nicolas-Christophe Poiret. Celui-ci a eu raison de penser que leurs communs Petits-Enfants liraient ces Souvenirs avec émotion, en unissant les deux amis dans un même sentiment de reconnaissance et de respect filial.

L. D. B.

Janvier 1889.

Quo doctior, eo modestior erat.
(J.-L. Burnouf, *Gramm. lat.*, § 259.)

J'offre à ma petite-fille Laure Burnouf, et c'est le plus beau cadeau que je pouvais lui faire, la copie de quelques débris d'une correspondance qu'a entretenue avec moi, il y a bientôt cinquante ans, son bon-papa Burnouf, et que j'ai religieusement conservée. Si, comme on l'a dit, le style de l'homme est la véritable image de son caractère, ma petite-fille lira cette copie avec autant de plaisir que j'en ai éprouvé en la faisant, car elle y retrouvera son bon-papa à dix-huit ans tel que nous l'avons connu jusqu'à ses derniers moments, excellent, laborieux, ami de la science et toujours modeste.

Son bon-père,

N.-C. Poiret.

Roissy, le 19 juin 1844.

I.

Dieppe, 16 thermidor,
3e année républicaine[1].

C'est après deux ans d'ennui et de souvenirs douloureux, mais superflus, que j'entends parler de mes anciens camarades; je reçois une lettre d'un de ceux qui m'étaient le plus chers. Quelle joie n'ai-je pas ressentie lorsqu'impatient de savoir quel est l'ami que je retrouve, mes yeux empressés se sont fixés sur la signature et ont reconnu le nom de Poiret! Mais combien de larmes ne m'a pas arrachées la lecture de cette lettre chère et fatale! Fallait-il que les premières nouvelles que j'apprends de mes camarades fussent des nouvelles sinistres! Combien de fois, depuis deux ans que le sort m'a relégué à Dieppe, je me suis rappelé et les noms de mes camarades et l'amitié qui m'attachait à eux! Mais je n'avais aucun moyen d'être instruit de ce qu'ils étaient devenus. Le seul dont j'aie pu conserver l'adresse est Auvray[2]. Pendant longtemps nous avons entretenu ensemble une correspondance très active. Je lui ai même encore écrit il n'y a pas quinze jours, mais je n'ai pu en aucun temps tirer de lui les moindres renseignements; il m'a seulement dit qu'il avait vu Le Tellier et qu'il lui avait dit où j'étais. Il m'a écrit aussi avoir vu

1. 3 août 1795.
2. J.-A. Auvray, plus tard proviseur du collège Henri IV, puis inspecteur de l'Académie de Paris, compatriote et condisciple de J.-L. Burnouf. Leur amitié dura autant que leur vie.

Le Boucher, « lequel a été treize mois dans la Vendée, » sans que je puisse en savoir plus long et sans qu'il ait voulu m'indiquer l'adresse de l'un ni de l'autre. Lui-même, Auvray, ne m'a pas écrit depuis le 29 floréal dernier[1], et je ne suis pas sans inquiétude, ou sur son sort, ou sur ses sentiments à mon égard. Tous les moyens d'entretenir l'amitié qui me lie à lui je les ai mis en usage, et je vois avec douleur que, depuis neuf à dix mois, j'ai bien de la peine à lui arracher de temps à autre une malheureuse lettre de deux lignes. Mais sans condamner absolument le silence d'Auvray, dont je ne puis connaître les motifs, je me console par la persuasion que je trouve en toi un ami plus complaisant et un correspondant plus actif.

J'espère que tu me feras le plaisir de m'écrire le plus souvent possible, et tu peux le faire très souvent. Tu me diras quelle fortune t'a exercé pendant le cours révolutionnaire et quelle est, en ce moment, ta situation. Ce serait rouvrir tes plaies que de t'entretenir des parents que la fureur des tyrans populaires t'a enlevés, aussi je me contenterai de pleurer avec toi. Mais si j'osais te demander quelqu'explication sur le sort de ces camarades auxquels j'ai tant de fois songé, que j'ai tant désiré de revoir, et dont je ne revois que le nom, et le nom accompagné de paroles funèbres! Est-ce la faux populicide qui les a moissonnés? Est-ce le fer de l'ennemi qui a tranché le fil de leurs jours? Quelques-uns sont-ils captifs dans les prisons des despotes? Voilà ce qu'il me tarde de savoir et ce que tu voudras bien m'apprendre au reçu de la présente.

Je ne te donnerai que peu de détails sur les hasards

1. 18 mai 1795.

qui m'ont fait Commis au District de Dieppe. Le 22 juillet 1793, je partis de Paris pour venir passer les vacances tant chez le père de notre camarade Levacher que dans la famille du citoyen Le Seigneur, notre professeur de troisième. J'espérais bien retourner et revoir nos amis au mois d'octobre, mais les classes ne recommencent pas et on me retient encore un mois, et puis encore un, tellement qu'après six mois je me vois dans l'alternative ou de retourner au Collège, dont tous les jours Auvray m'annonçait la destruction, ou de retourner à Valognes, mon pays, à soixante-dix lieues d'ici (et qu'y faire, sinon voir mes parents ensevelis dans les cachots par les sicaires du proconsul Le Carpentier, et sans doute m'y faire plonger moi-même?), ou d'aller à Dieppe, dont je n'étais qu'à cinq lieues, chercher une place, sans y connaître personne et sans avoir une obole dans ma poche; j'y aurais été tout nud, si le citoyen Levacher ne m'eût fait présent d'un habit. De ces trois partis je pris le dernier, comme le plus sûr et le plus expéditif. Mon âge me fournit une occasion favorable : j'avais dix-huit ans, et je ne les avais atteints qu'après la promulgation de la loi du 23 août[1]; malgré cela, plusieurs voulaient que je fusse de la première réquisition; pour les détromper, je me présentai chez l'agent militaire, qui me renvoya comme n'ayant pas l'âge. Profitant de l'occasion, je lui exposai l'état où je me trouvais, et sans se faire prier un instant, il me mena au District qui avait besoin de commis et qui m'admit sur sa recommandation. Depuis ce temps, mes appointements, très faibles d'abord, ont successive-

1. Décret de la Convention du 23 août 1793 pour la levée en masse de tous les Français. — La première réquisition était composée de tous les hommes de dix-huit à vingt-cinq ans.

ment augmenté. Au commencement, malheureux par le défaut de ressources et de connaissances, allant nud-pieds, faute de souliers, logeant dans un garni, faute de chambre, mangeant dans une gargotte, où je mourais de faim, faute d'argent; ensuite esclave dans une maison particulière, où j'étais en pension; libre maintenant dans une auberge, où j'occupe une chambre garnie et où je meurs de faim, faute de pain; m'ennuyant toujours beaucoup, maudissant le pays et le caractère de ses habitants, regrettant, mais en vain, Paris et le Collège d'Harcourt, je suis arrivé, par une suite de situations singulières et piquantes, à l'époque où nous sommes, et peut-être vais-je encore changer de profession et de domicile. Un négociant d'ici m'offre sa table et des appointements suffisants à mon entretien pour travailler chez lui, et ce à la fin du mois. Accepterai-je? Si je ne consultais que mon goût pour la liberté et l'indépendance, certes je refuserais net, car, à mon avis, c'est un état bien maudit que celui de commis chez un marchand; et puis quelle différence entre les études et les sciences, dont j'ai puisé les premiers principes au Collège, et vers lesquelles un goût irrésistible me ramène sans cesse, et l'art ingrat de la tenue des livres de compte, pour lequel je sens une répugnance invincible! Mais je me dis : que faire après la suppression prochaine des Districts[1]? La seule ressource qui pût me rester serait celle de me mettre compagnon imprimeur, car tu sauras qu'à la faveur de mes heures de loisir, que Dieu me garde d'appeler mes heures perdues, j'ai appris l'art de la Typographie ou

1. Les Districts furent supprimés par la Constitution de l'an III, 22 août 1795.

imprimerie en lettres; en très peu de temps je serais, je crois, un bon compositeur. Je te prie de me dire ta façon de penser et ce que tu ferais à ma place.

Mais où m'égaré-je, quand dans ce moment je devrais être occupé à te témoigner combien je suis sensible à ton souvenir et à l'intérêt que tu prends à mon sort? Tu as craint ma perte; et moi aussi, en tremblant pour mes parents, pour mes amis, j'ai tremblé pour moi-même. Et quel est l'homme vertueux qui pouvait dormir tranquille? C'est la terreur seule, par laquelle mon esprit et mon imagination étaient comprimés depuis le 31 mai jusqu'au 9 thermidor[1], qui m'a empêché de retourner à Paris et qui m'a forcé de me confiner et, pour ainsi dire, de me cacher et de me blottir dans ce pays qui, au surplus, me déplait souverainement. Ne suffisait-il pas pour craindre la mort d'avoir prévu et annoncé les horreurs qui couvraient notre malheureuse patrie de cadavres et de ruines? Je vous en atteste Th....., Vatel, Lalande, Lesecq, vous tous qui [ne] partagiez [pas] mes craintes et qui les traitiez d'exagérées et de chimériques, avais-je raison le 27 mai au soir? En apprenant la suppression de la Commission des Douze[2], je m'écriai, en votre présence, avec le ton d'une amère douleur : « La patrie est perdue! C'en est fait de la République et de la Révolution! » Avais-je tort, lorsque, le 31 mai, voyant et frémissant de voir le triomphe des Jacobins, je vous disais que nos cruels ennemis les Autrichiens ne ravageraient pas la France conquise avec plus de fureur

1. De la chute des Girondins à la chute de Robespierre.

2. Commission de douze membres de la Convention chargée de vérifier les actes de la Commune de Paris. Nommée en mai 1793, elle fut supprimée le 27 du même mois.

que n'allaient faire les féroces complices de Robespierre et de Danton? oui, de Danton, dont la chute prématurée n'est venue que d'une jalousie de domination.

Mais c'est assez déplorer ces temps calamiteux; la République triomphe, tu vis, je vis, nous nous retrouvons comme nous réveillant d'un long sommeil, ou ressuscitant après un long anéantissement; ne pensons qu'à nous réjouir de ce bonheur. N'oublie pas que j'attends de toi une lettre par le retour du courrier, s'il est possible, et que je suis pour la vie ton plus sincère ami.

J.-L. Burnouf.

J'espère de ton amitié et de ta discrétion que toi seul liras cette lettre et la toucheras.

P.-S. Je doute que celle-ci parte ce soir, vu qu'il est fort tard. Je n'ai reçu la tienne qu'aujourd'hui. Je te serai obligé de voir Auvray, au Collège d'Harcourt, et de le supplier de m'écrire et de m'envoyer enfin les livres qu'il a à moi et qu'il me promet depuis si longtemps. Si tu ne le trouvais pas au Collège, il faut t'informer à quelqu'un où il est. Lesage, pâtissier, te pourrait donner ces renseignements. Tu m'en diras quelque chose dans ta première lettre.

II.

Dieppe, 2 pluviôse, an IV[1].

Mon cher ami,

Tu trouves sans doute, et c'est avec raison, que je suis bien longtemps à répondre à ta lettre du 9 nivôse[2], que j'ai reçue le 16. Quoiqu'il en soit, vaut mieux tard que jamais, et je veux réparer aujourd'hui ma négligence. Reçois mes sincères remerciments des démarches infructueuses que tu as bien voulu faire auprès d'Auvray relativement à mes livres, et qu'il n'en soit plus parlé. Je suis fâché de t'avoir donné tant de mal inutilement; il n'y a pas de plaisir à employer ses amis vis-à-vis d'un chouan comme cet Auvray, que je ne croyais pas capable de tenir envers toi et moi une conduite aussi désobligeante. Au reste, je ne puis m'empêcher de croire qu'il y a de sa part moins de vice de cœur et de mauvaise volonté que de négligence et de paresse indécrottable; ce qui me confirme dans mon opinion, c'est une lettre qu'il a fait l'effort de m'écrire et que j'ai reçue le même jour que la tienne, dans laquelle il me fait le tableau, que sans peine je crois fidèle, de la vie nulle, oisive, ennemie du travail, et par là même ennuyeuse et fatigante, dans laquelle il végète et où le retient en grande partie la misère du temps, qui ôte aux âmes toute énergie et tout courage, en même temps qu'elle dépouille les corps de tout ce qui est nécessaire à leur

1. 22 janvier 1796.
2. 30 décembre 1795.

conservation. Il m'observe aussi, avec beaucoup de fondement, que le tarif des diligences est porté si haut qu'il m'en coûterait plus pour faire venir mes livres par cette voie qu'ils ne valent eux-mêmes, aussi ai-je renoncé à ce moyen. Je lui ai écrit de me les envoyer par l'occasion de M. Le Seigneur[1], qui doit bientôt venir à son pays, et qui emportera ses effets dans une voiture qu'on lui mènera d'ici. Il les lui remettra, si c'est son bon plaisir, sinon il les gardera, mais ce ne sera toujours pas de mon consentement. Suivant sa lettre précitée, je devais « entendre parler de lui avant pluviôse an IV; » j'ai toujours cru qu'il me trompait cette fois comme tant d'autres, et j'ai cru vrai. Mais c'est trop parler d'une bagatelle qui n'en vaut pas la peine. Que désormais il n'en soit plus fait mention.

Il y a à peu près huit jours, il est entré en ce port un paquebot et un brick anglais qui ont apporté, l'un 150, et l'autre 300 prisonniers. On fait rester ici ces deux parlementaires jusqu'après le départ d'une frégate bâtie ici[2] et qui doit quelqu'un de ces jours mettre à la voile pour aller armer au Havre; sans cette précaution, les Anglais, avertis par leurs camarades, pourraient bien tomber sur la frégate et le convoi qui l'escortera et emmener le tout en Angleterre. Si les deux navires ennemis restent encore huit jours, ils verront vendre à l'encan un de leurs confrères, qui a été enlevé par un corsaire dunkerquois sous les côtes même de la Grande-Bretagne.

Hier on a célébré, conformément aux ordres du Directoire, le jour anniversaire du supplice de *Louis*

1. Ancien professeur de troisième au collège d'Harcourt.
2. *La Revanche.*

le dernier. Si tu veux bien que, sans passion et sans intérêt quelconque, je te dise la vérité, tu sauras que cette fête a été plus triste que ne l'était jadis celle de la Passion ou de la Commémoration des Morts. Le spectacle qu'elle présentait n'était pas consolant pour un républicain ni propre à rassurer sur l'esprit public de ce pays-ci. La garde nationale a été commandée pour aller sous les armes, presque personne ne s'y est rendu, à l'exception des grenadiers et des chasseurs. Personne n'est venu voir la cérémonie.

(*Huit lignes à la suite et en marge sont en partie détruites. Je regrette d'autant plus de n'avoir pu les transcrire ici qu'elles exprimaient la répugnance qu'éprouvait mon ami pour une pareille cérémonie, répugnance partagée par tous les habitants de Dieppe, mal disposés à célébrer une fête si peu de leur goût et dans un moment où ils n'avaient qu'une once de pain par jour et où un impôt extraordinaire venait d'être établi. — Après cette lacune, la lettre continue ainsi, en parlant d'un bruit relatif à une nouvelle mesure financière*[1].) qui a jeté partout la consternation et la terreur, et jusque sur les classes peu ou point fortunées, par l'incertitude où chacun est s'il sera ou ne sera pas imposé, et par l'expiration du terme fatal fixé dans les départements pour la réception des assignats. Quoique ce terme soit expiré, le rôle n'est pas encore près de venir. Il est incroyable combien les Commissaires pour l'évaluation des fortunes et quelques officiers municipaux ont abusé de la confiance publique pour se ménager et vexer leurs concitoyens, et de là combien de

1. Le passage imprimé en italiques est une remarque de M. Poiret.

haines, de passions et d'animosités je vois éclore! Quels nouveaux germes de malheurs me montrent dans le lointain de funestes pressentiments!

L'opinion que tu me manifestes sur les revers passagers que nos braves armées ont éprouvés sur le Rhin[1] est absolument conforme à la mienne. Il faut espérer que l'armistice[2] va les mettre en état de cueillir de nouveaux lauriers, s'il ne se termine pas par une paix qui est encore plus désirable que tous les triomphes possibles.

Vale et me ama.

J.-L. BURNOUF.

P.-S. Récris-moi au plus tôt et n'écorche plus mon nom sur l'adresse de ta lettre.

1. Les armées du Rhin et de Sambre-et-Meuse avaient été forcées de débloquer Mayence et de repasser le Rhin.
2. 21 décembre 1795.

III.

Dieppe, 18 floréal, an IV[1].

Mon cher Poiret,

Il te sied bien de venir me reprocher mon silence, toi dont je n'ai plus entendu parler depuis le 9 pluviôse[2], tandis que je t'ai écrit une longue lettre le 14 ventôse[3]. Donne-toi donc la peine de chercher dans tes liasses et dans tes minutes, tu verras lequel de nous deux est en défaut. Au surplus, il serait assez plaisant qu'en vertu de la liberté illimitée de penser et d'écrire on ait mis à l'index la lettre que je t'écrivais et qu'elle ne te fût pas parvenue. Ton adresse y était bien exacte; ce n'est certainement pas ma faute si elle a été retenue ou égarée. Quant à la mienne, elle est toujours chez le citoyen Castel, négociant à Dieppe, et d'ailleurs mon nom seul y étant, il serait surprenant que la lettre ne me fût pas remise, la preuve c'est que j'ai reçu ta dernière; il vaut toujours mieux mettre mon domicile, pour plus de sûreté. Tu me pardonneras donc, j'espère, mon prétendu silence aussi facilement que je te pardonne le tien, qui est réel. Dans tous les cas, aie la complaisance de me récrire de suite et de me marquer si tu as reçu ma lettre du 14 ventôse. Je désire bien qu'elle t'ait été remise, quoique cependant j'en sois fort peu ou point du tout inquiet, car il n'y a rien dedans que je ne proclamasse à la face du ciel et de la terre.

1. 7 mai 1796.
2. 29 janvier 1796.
3. 4 mars.

Je me réjouis avec toi des victoires de l'armée d'Italie. Puissent-elles être les avant-coureurs de triomphes encore plus brillants et plus décisifs, et puissent-elles aplanir les voies à une paix prompte et honorable!

Je te sais bon gré des détails que tu me donnes sur la légère fermentation qui s'est fait sentir dans les débris volcaniques de la Montagne, si souvent culbutée et jamais replongée dans le néant qui la réclame. Ton récit ne fait que confirmer le jugement que j'en avais porté, car quoiqu'à quarante-cinq lieues du grand théâtre, je ne suis pas de ceux qui prennent facilement le change.

C'est une chose vraiment comique que la joie qui se peint sur le visage des Royalistes et des Jacobins lorsqu'il circule quelque nouvelle de trouble et d'agitation. L'illusion est si forte pour ces deux espèces d'animaux que, dans les mêmes évènements, chacun voit la destruction entière de son ennemi et savoure d'avance le sang de l'homme, qui paraît être pour toutes les deux un mets plus friand que pour les tigres et les panthères. J'ai plus d'une fois senti mes cheveux se dresser sur ma tête en entendant un Jacobin ou un Royaliste parler dans l'effusion de son cœur barbare. Quand je dis un Royaliste, je ne donne pas à ce mot la même extension que lui donnent les patriotes de 93, tu dois bien le concevoir.

J'ai vu avec plaisir, par les journaux et par ta dernière lettre qui, par parenthèse, est sans date, l'ouverture du Collège de Navarre. Je ne crois pas qu'on pût trouver un meilleur professeur que M. Gueroult[1] pour les langues anciennes.

1. Ancien professeur de rhétorique au collège d'Harcourt.

Je n'ai pas entendu parler d'Auvray depuis le 22 pluviôse dernier[1], qu'il me disait qu'il m'enverrait bientôt mes livres. Il parait qu'il se moque de moi. Je vais peut-être, sous peu de jours, lui écrire pour savoir s'il est mort ou vivant. Au surplus, je souhaite à présent, et pour cause, qu'il ne me les envoie pas jusqu'à nouvel ordre. A propos, dis-moi un peu par ta première dans quel quartier est la rue Neuve-des-Petits-Champs, car je l'ai oublié, si tant y a que je l'aie jamais su. Tu serais bien étonné, n'est-ce pas, si dans sept ou huit décades d'ici on venait te dire dans ton étude qu'il y a un nommé Burnouf qui demande Me Poiret. C'est cependant dans le rang des possibles et même des probables. Lorsque j'aurais pris un parti définitif je t'en ferai part. Il suffit de te dire que je suis en parole avec un bon négociant de la rue Meslée, et que tout ce qui m'embarasse c'est de savoir comment brûler honnêtement la politesse à mon bourgeois. Je désire ardemment la réussite d'un projet qui nous rapprochera et me fixera à Paris, dont je n'ai jamais été éloigné que malgré moi.

Je voudrais bien te donner des nouvelles de ce pays-ci, mais il n'y en a pas d'assez intéressantes. Tout ce que je peux te dire, c'est qu'il arrive toujours de temps en temps des prises dans les ports de nos environs, Le Havre, Fécamp, Saint-Vallery-sur-Somme et autres. Ce sont toujours autant d'atteintes portées au commerce des Anglais, mais qu'est-ce que cela quand on fait attention à leurs conquêtes dans les Indes orientales?

Depuis que les assignats n'ont plus ou presque plus

1. 10 février.

de cours, et qu'on ne fait plus exécuter les lois sur l'approvisionnement des halles et marchés, la famine ne désole plus nos contrées ; les auberges sont transformées en halles au bled, ouvertes et garnies tous les jours ; le pain se vend chez tous les boulangers, à tous les coins de rues, partout en numéraire, à quatre et cinq sous la livre. Cette abondance nous vient de la Picardie, car le pays de Caux est véritablement épuisé. C'est même à Dieppe que ses habitants viennent s'approvisionner, et il y en a pour tout le monde. On craint, et avec fondement, que l'apparition des mandats ne fasse de nouveau éclipser les subsistances. Cependant l'avilissement où ils sont tombés, même avant leur naissance, fait présumer qu'ils n'auront jamais assez de force pour faire resserrer le numéraire. Que ne peuvent-ils plutôt circuler au pair avec lui !

IV.

Dieppe, 26 floréal, an IV[1].

Mon cher ami,

Il est donc bien convenu entre nous que c'est toi qui as eu tort de me faire des reproches, puisqu'il est prouvé que c'est moi qui avais écrit le dernier; de mon côté, j'avoue que c'est une inconséquence impardonnable que de t'avoir dit de chercher dans tes liasses une lettre que j'avais moi-même condamnée au feu; mais je ne me le rappelais plus; peut-être aussi, ayant ordre de la lacérer, as-tu cru devoir la regarder comme nulle et non avenue et me considérer comme n'ayant pas mis la plume à la main. Si cela est, je suis vaincu. Il est bien malheureux de ne pas connaître les us et coutumes de la pratique. Je ne puis cependant te dissimuler ma surprise de ce que tu aies feint d'ignorer mon adresse; c'est une chose qui m'a toujours paru fort singulière. Je dois encore me justifier d'avoir omis ma signature au bas de ma dernière lettre, c'est qu'effectivement je n'ai pas trouvé qu'il y eût place pour elle; j'ai cependant été tenté de signer en tête ou en marge de la première page, mais je l'eusse fait que tu y aurais encore trouvé à redire, et puis j'ai toujours regardé comme une marque d'intimité de ne pas signer ses lettres. Une lettre d'ami n'est pas l'expédition d'un acte ni la grosse d'un contrat; ces pièces doivent être signées, parce que c'est l'intérêt toujours changeant qui les dicte; mais quand le cœur parle,

1. 15 mai 1796.

ses sentences, invariables comme lui, n'ont pas besoin d'être revêtues d'une formalité qui n'a été inventée que pour rassurer contre la mauvaise foi. Quant à l'Adieu auquel tu parais beaucoup tenir, va donc à Dieu, puisque Dieu y a, mais vas-y le plus tard possible ; tu peux bien présumer que mon intention n'a jamais été de t'envoyer au Diable.

Parlons d'autre chose. Il est bien plaisant que tu connaisses mon bourgeois Michaud, toi ! Tu as sans doute présumé que c'était chez lui que je devais aller, parce que tu auras entendu dire qu'il était de Dieppe, peut-être aussi parce que dans quelqu'une de mes précédentes lettres je t'ai donné pour adresse : « chez les citoyens Castel et David Michaud. » Quoiqu'il en soit, oui ! là, tu as mis le nez dessus : je dois aller chez M. David Michaud, qui vient d'épouser Mme veuve Citron, dont nous avons connu le fils au collège. Ce M. Michaud s'est marié le 6 germinal[1] à Paris ; il est ensuite venu ici avec sa femme et en est reparti depuis peu de temps. Il était l'associé du citoyen Castel et demeurait avec lui ; ainsi ce n'est pas d'aujourd'huy que je suis son commis. Je serais déjà parti le rejoindre, si je n'étais occupé à régler les comptes de la Société. Je présume en avoir au moins pour deux mois, qui me paraîtront diablement longs. La manière pressante avec laquelle lui et son épouse m'ont invité à les suivre à Paris me donne une grande démangeaison de partir ; joins à cela le plaisir que j'aurai à te revoir, lequel ne contribuera pas peu à presser ma marche. Je ne doublerai cependant pas les postillons pour boire, je boirai moi-même pour me donner des forces. Je ne m'égosillerai pas à crier :

1. 26 mars.

fouette cocher! mes jambes me serviront mieux que tout cela. Voici mon plan : sitôt les comptes apurés, je fais ma tournée dans le pays de Caux pour faire mes adieux à mes connaissances, ce qui me demandera au moins cinq ou six jours, peut-être plus; je reviens à Dieppe; j'emballe mes effets dans un baril à harengs; je les mets à la diligence; je me mets en ribotte avec mes amis; je mets une chemise et quelques autres nippes dans mon sac à peau; le lendemain je l'endosse, et en quarante-huit heures je suis à Paris. Pour ne pas me tuer je ferai une partie de la route de Rouen à Paris dans les batelets, entends-tu? Je ne suis plus embarrassé que pour annoncer mon départ à M. Castel. Je le préviendrai un peu d'avance, pour qu'il n'ait pas de reproches fondés à me faire; ensuite, je le laisse dire tout ce qu'il voudra sans m'émouvoir, car mon parti est pris, seulement je ferai en sorte qu'il ne puisse soupçonner que c'est M. Michaud qui m'a engagé le premier à aller chez lui, et à cet égard je m'en tirerai de mon mieux. Si par hasard tu avais occasion de voir ce dernier et sa femme, ne t'avise pas de leur laisser voir que je t'ai appris que je dois aller chez eux; tu me désobligerais infiniment si tu le leur disais; tu pourrais cependant leur dire que nous nous connaissons.

J'étais instruit dès le 23 courant du grand complot qui devait éclater le 22[1]. Je suis charmé que le Directoire reconnaisse enfin toute la scélératesse des Jacobins et soit forcé de convenir que ceux-là ne sont pas des Chouans qui l'avertissent depuis huit mois de ses dangers, et du mal que faisait à la République la protection que, jusqu'ici, il a trop aveuglément accordée aux ter-

1. La conspiration de Babeuf.

roristes. Il faut espérer qu'à présent qu'il a les yeux ouverts, le crime n'aura pas assez d'influence pour le forcer à les fermer de nouveau. Cette conjuration ne m'a point du tout étonné; j'aurais, au contraire, été bien surpris si le temps m'eût prouvé qu'elle n'existait pas.

Adieu. Je finis, car chaque moment que j'emploie à t'écrire recule d'autant celui où je t'embrasserai. Adieu donc, porte-toi bien et récris-moi; nous correspondrons encore plusieurs fois avant mon départ. Adieu trois fois.

Signé : J.-L. Burnouf, avec parafe[1].

Excuse si je griffonne aussi mal, c'est que je suis pressé et que mon papier ne vaut rien, ni ma plume, ni celui qui la tient, diras-tu.

1. Textuel.

V.

Dieppe, 8 messidor, an IV[1].

Mon cher Poiret,

J'ai reçu avec bien du plaisir ton journal du 29 prairial[2], je l'ai confronté avec ceux que je lis tous les jours de courrier et je l'ai trouvé absolument conforme, ainsi je ne peux que te féliciter sur ton exactitude. Mais trève de raillerie.

J'ai reçu la lettre dont tu as bien voulu me favoriser sous la date du 29 du mois dernier. J'ai bien différé à y répondre, puisque j'ai laissé passer deux courriers; faute énorme! Oserai-je en demander pardon à un homme qui reçoit une lettre portant prière de récrire de suite et qui répond promptement, six semaines après, qu'il est étourdi au point de ne pas savoir lequel mérite des reproches de celui qui a écrit ou de celui qui n'a pas daigné répondre? Oui, j'oserai réclamer ton indulgence et je me flatte que tu voudras bien me pardonner mon retard de quatre jours, comme je te pardonne le tien de quatre décades, car c'est toi qui es en retard, et quoi que tu dises de ta chère étourderie, dont tu serais bien fâché de ne pouvoir te vanter, tu le sais bien que c'est toi; au surplus, il ne faut pas t'en vouloir, c'est le propre d'un Parisien d'être fort étourdi et de vouloir le paraître encore davantage. « Je ne suis pas Parisien, » vas-tu t'écrier; non, tu peux bien passer pour Parisien

1. 26 juin 1796.
2. 18 juin.

et demi de ce côté-là. Ne va pas te fâcher, au moins, car j'ajouterais vertement : « Ah ! mon pauvre ami, je vois que la vérité t'offense. » Quoi qu'il en soit, j'ai attendu patiemment ta tardive réponse à ma lettre du mois de floréal, et jusqu'au commencement de ce mois-ci, j'étais bien résolu à ne pas te récrire le premier, pour voir jusqu'à quel terme tu pousserais l'insouciance et l'étourderie, puisqu'étourderie y a. Enfin, le 2 courant, je perdis patience et je fis une lettre bien conditionnée pour mettre à la poste le 4, lorsque le 3 est arrivée la tienne, qui m'a calmé pour un moment, mais qui m'a mis dans une bien plus grande colère lorsque j'ai vu que tu m'accusais d'une faute à toi personnelle. Mais tout cela est passé, n'en parlons plus, faisons une paix bien cimentée et promettons-nous union et fraternité pour toujours. La seule condition que je t'impose, c'est de ne plus m'accuser de tes fautes, et surtout de ne te point fâcher lorsque je te dirai la vérité, car je l'ai sur le bord des lèvres, et lorsqu'elle veut parler ma bouche ne saurait lui refuser son ministère. Si j'ai regret à quelque chose, c'est que tu ne m'aies pas écrit quinze ou vingt fois depuis six semaines au moins dans la vue de me faire dépenser des assignats. J'aurais du moins lu pour mon argent, et certes je n'aurais jamais lu à aussi bon marché. Depuis plus d'un mois, la seule monnaie qui ait cours ici, c'est le numéraire ; chargé d'assignats ou de mandats, tu créverais sans secours, tu périrais d'inanition, sans pouvoir trouver un malheureux morceau de pain qui cependant est très commun en ce moment. Les assignats n'ont plus cours que pour les ports de lettres, encore ce seul débouché va-t-il, sous peu, leur être fermé. Puisqu'il faudra payer en numéraire le plaisir de correspondre avec ses amis, dépêche-toi bien vite de me récrire, afin que je paie encore ta lettre avec rien, c'est-à-dire avec des assignats. Dépêche-toi et ne me fais pas attendre. Envoie-moi bien vite ce qu'il y a de fait de ce fameux drame ; s'il n'y a rien de fait, écris-moi toujours, mais surtout hâte-toi. A propos de ce drame projeté, tu t'imaginais que je rirais ; eh bien ! point du tout. Je réserve mon jugement pour le temps où je le verrai, c'est alors que je saurai s'il faut rire ou pleurer, ou, etc., etc., car un drame n'est ni une comédie, ni une tragédie, ni une tragi-comédie ; c'est je ne sais quoi d'indéfinissable, une chose sur laquelle on ne s'est pas encore formé de notion précise ; peut-être le tien fixera-t-il les idées sur la nature, les qualités, les effets du drame ; mais tu as oublié de me dire s'il serait en vers ou en prose, ou bien en vers et en prose à la fois. C'est un objet essentiel, entends-tu ? Peut-être sera-t-il tout autre que je ne me le figure ; peut-être vas-tu ouvrir une route nouvelle et inconnue jusqu'ici aux approvisionneurs des théâtres à la mode. Courage, je te souhaite bonne réussite et je me couche tranquille. J'ai voulu aussi quelques fois faire l'auteur, encore n'est-ce qu'en chansons ; il m'est même échappé quelques couplets, mais j'y ai bientôt renoncé ;

Ne sentant pas du ciel l'influence secrète
Et mon astre en naissant ne *m'ayant* formé poète,

aussi ne suis-je qu'un imbécille et tu dois bien rire toi-même de mes réflexions [1].

Tu me diras quelque chose de la surprise des badauds

1. Si, comme on l'a dit, tout écolier sortant du collège emporte dans sa poche une tragédie, une comédie, voire même un drame, je doute que celui qui lirait cette fine plaisanterie conservât son ouvrage et ne se hâtât pas de le jeter au feu, quelle que soit sa présomption assez naturelle à dix-huit ans. (Note de M. Poiret.)

en voyant entrer à pleines voiles un vaisseau de haut bord. J'entends de haut bord comparativement aux batelets de la Seine, car dix lougres comme celui qu'on vous a mené à Paris, et que tu as sans doute été voir comme les autres, danseraient sans peine, mâtés et gréés, dans la cale d'une des frégates qu'on a bâties ici l'an passé, encore n'étaient-elles que de moyenne grandeur.

Je n'entends non plus parler d'Auvray que s'il était mort.

Adieu, mon cher Poiret, j'attends avec impatience le plaisir de t'embrasser en corps et en âme et suis pour la vie ton ami

J.-L. Burnouf.

VI.

Dieppe, 11 fructidor, an IV[1].

Mon cher Poiret,

Cette fois-ci, c'est moi qui suis en retard, et de beaucoup, puisque ta dernière lettre est du 23 messidor[2]; ainsi jure, peste, tonne et foudroie, tu es en droit et j'ai tort. La seule excuse que je puisse alléguer c'est que je désirais, en t'écrivant, te mander mon départ; mais je vois que c'est en vain que je diffère, et que de longtemps je ne pourrai te l'annoncer; quand je dis de longtemps, je veux dire au moins de six semaines, et certes c'est très longtemps pour moi, car je m'ennuie furieusement. Je suis occupé depuis trois ou quatre mois au travail dégoûtant du règlement des comptes de la Société Castel et Michaud. Je n'avance à rien, parce que seul je ne puis rien ou presque rien, et que mon bourgeois est un lambin et un tâtonneur qui traîne en longueur et qui y traînerait usque in æternum. Je suis donc obligé de patienter et de me consoler dans l'espérance certaine que je ne passerai pas l'hiver à Dieppe, car c'est un terrible temps que l'hiver dans ce pays-ci. Sans parler du froid glacial que l'air de la mer et un vent nord-est presque continuel rendent plus cuisant qu'en aucun coin de la France, que faire pendant l'immense longueur des nuits, qui commencent à trois heures après midi et finissent à neuf ou dix heures du matin? Toujours tra-

1. 28 août 1796
2. 11 juillet.

vailler, on ne le peut; ne rien faire, on s'ennuie; se promener, le fougueux aquilon vous force de vous enfermer chez vous si vous ne voulez voir votre chapeau enlevé, vos habits déchirés, votre visage coupé et votre sang glacé dans vos veines; dormir, autre cause qui produit le même effet, celui de coaguler le sang, et qui conduit à la stupeur, à l'engourdissement habituel. C'est, par parenthèse, un de mes grands ennemis que le sommeil; moins, je crois, moins je veux dormir et mieux je me porte. Que faire donc pour tuer le temps? Aller à la comédie, il n'y en a point; au cabaret, on s'y enivre, on ruine son tempérament et qui pis est sa bourse; oui, qui pis est, car dans le meilleur des mondes possibles soyez boiteux, manchot, pulmonique, asthmatique, étique, eussiez-vous la peste, [avec de l'argent] vous serez considéré, fêté, vanté et vous jouerez un rôle, en un mot vous serez un homme de bien. C'est cependant au cabaret ou, si mieux aimez, au café qu'un honnête homme est forcé de porter le pesant fardeau de son inutile existence. Heureusement, ce pays, je veux dire cette ville, en est abondamment pourvue, et Voltaire voyait bien lorsque, passant ici, il vit un seul libraire qui mourait de faim et cinq cents cabarets qui faisaient fortune; le nombre en est, Dieu merci, bien augmenté et le débit des libraires diminué en raison inverse. Ainsi, quiconque a un tempérament et une bourse à bien boire et bien payer vin, cidre, bière, eau-de-vie surtout, matin et soir, peut passer à Dieppe un hiver tel quel, végéter ainsi qu'une plante qu'on a soin de bien arroser et voir finir, sans en jouir, la marche lente et pénible d'un temps si précieux et si rapide pour l'homme qui pense. Que celui donc qui ambitionne ce titre, que celui qui ne veut pas s'abrutir, perdre tout vestige de politesse et de civilisation, fuie promptement ce séjour de la grossièreté, de l'ignorance et de l'ivrognerie. Que n'en suis-je déjà à cinq cents lieues! Du moins, j'espère en être sous peu à quarante-cinq. J'y laisserai, il est vrai, un ou deux amis, dont le caractère et les goûts se rapprochent un peu des miens, mais j'en serai bien dédommagé en te retrouvant, et sans doute aussi quelques-uns de mes anciens camarades. J'attends cet heureux instant avec impatience. Fais mes compliments à Le Tellier, puisque tu as occasion de le voir, et dis-lui que j'espère sous peu l'embrasser.

Si tu n'entends pas parler d'Auvray, j'en puis dire autant. Il y a bien, je crois, six ou sept mois qu'il m'a écrit pour la dernière fois. Je lui ai répondu en le priant de me récrire. Bernique! Je ne sais qu'il existe qu'à la faveur de son journal, qu'il m'arrive quelquefois de lire, et sur lequel je vois son nom imprimé en toutes lettres. Il ne sait pas que je retourne à Paris. J'ai bien envie de voir la mine qu'il fera en me voyant arriver.

Mon bourgeois est prévenu de mon prochain départ. Pour aller où? C'est ce qui l'enrhume; il s'imagine que je m'en vais dans mon pays. Des raisons particulières m'ont engagé à lui donner le change, en le lui faisant ainsi croire; mais tant y a qu'il ne compte plus sur moi pour être son commis, et qu'une fois les comptes terminés je suis libre et je fiche le camp.

Voilà bien des événements militaires arrivés depuis que nous nous sommes entretenus ensemble. Si tu étais condamné à me mettre par écrit le détail de succès aussi nombreux, aussi rapides, aussi inconcevables, je conçois que ce serait pour toi une tâche bien agréable (et, ne vous en déplaise, c'en serait une bien douce, voire pour moi, de te lire, da!), mais je crois que la tâche serait un peu difficile à remplir et qu'il te faudrait minuter terriblement des feuilles de formules. En vérité, si Alexandre était témoin des exploits des Républicains, il se pendrait de dépit, et César irait se noyer dans le plus profond du Danube.

Mais voilà assez de papier brouillé pour ton argent. Adieu, encore une fois, en attendant qu'à quelque beau matin j'aille te dire bonjour.

Récris-moi, et *vale*.

J.-L. Burnouf.

CONCOURS GÉNÉRAL

DE L'ANNÉE 1792.

UNIVERSITÉ.

DISTRIBUTION DE PRIX.

L'an mil sept cent quatre-vingt-douze, le troisième jour du mois d'Août, l'an quatrième de la Liberté.

En présence des députés de l'Assemblée Nationale, du Directoire du Département et du Corps Municipal;

René Binet, ancien Recteur et Professeur de Rhétorique au Collège du Plessis, faisant les fonctions de Recteur;

L'Université de Paris, assemblée dans la Salle extérieure des Écoles de Sorbonne, pour la Distribution Solennelle des Prix fondés dans son sein,

Provenant : 1° D'un legs de Louis Le Gendre, chanoine et Sous-Chantre de l'église de Paris, appliqué à cette destination, du consentement des héritiers, par Arrêt du 8 Mars 1746;

2° D'une donation de Charles Coffin, ancien Recteur de l'Université, et principal du Collège de Dormans-Beauvais;

3° D'un legs de Bernard Collot, chanoine-honoraire de l'église de Paris, et ancien professeur-émérite de l'Université, cette dernière fondation pareillement confirmée par Arrêt du 29 Mai 1758,

Après avoir entendu la harangue prononcée par Joseph-François-Marie De La Place, professeur d'humanité au Collège de Louis-le-Grand,

Proclame, dans l'ordre suivant, les Athlètes qui ont mérité les Couronnes ou qui en ont approché.

PRIX D'ÉLOQUENCE LATINE

Fondé par Jean-Baptiste COIGNARD, ancien imprimeur-libraire, en faveur des maîtres-ès-arts de l'Université, à laquelle il voulut laisser en mourant cette marque éternelle de sa reconnoissance.

Le prix de l'année 1792, dont le sujet a été proposé en ces termes : *Ubi viget libertas, ibi maxime floret eloquentia*, est remis à l'année prochaine.

RHÉTORIQUE

DISCOURS LATIN.

Premier Prix. Jean-Louis BURNOUF, de Valogne, département de la Manche, Collège d'Harcourt.

Second Prix. Vétérans. Jean-Amable PANNELIER, département de Paris, Collège d'Harcourt.

Second Prix. Nouveaux. Pierre-Marie-Joseph COATPONT, de Quimper, département du Finistère, Collège de Louis-le-Grand.

Noms de ceux qui ont le plus approché :

Louis-Alphonse Bonnechose, de Domfront, vétéran, département de l'Orne, Collège de Montaigu.

Anselme-Pierre-Laurent Frison, département de Paris, Collège du Cardinal-le-Moine.

Annibal-Hercule Sanson du Péron, département de Paris, Collège de Navarre.

Alexandre-Marie Beloni, département de Paris, Collège Mazarin.

Pierre Dupré, département de Paris, Collège du Cardinal-le-Moine.

Joseph-Nicolas Barbier, département de Paris, Collège de Navarre.

Claude-Jacques Apert, de Vitri, département de la Marne, Collège de Louis-le-Grand.

DISCOURS FRANÇOIS.

Premier Prix. Guillaume-Marie ANDRIEUX, de Gaillac, département du Tarn, passé du Collège de Navarre au Collège du Plessis.

Second Prix. Idem, Jean-Louis BURNOUF, de Valogne, département de la Manche, Collège d'Harcourt.

Noms de ceux qui ont le plus approché :

Edme-François-Antoine-Marie Miel, de Chatillon-sur-Seine, département de la Côte-d'Or, Collège de Navarre.

Idem, Annibal-Hercule Sanson du Péron, département de Paris, Collège de Navarre.

Idem, Pierre-Marie-Joseph Coatpont, de Quimper, département du Finistère, Collège de Louis-le-Grand.

Charles-Jean-Robert d'Estouvelles, département de Paris, Collège d'Harcourt.

Basile-Élisabeth Gosset, de Compiègne, département de l'Oise, Collège du Cardinal-le-Moine.

Amand-Robert-Denis de Senneville, département de Paris, Collège de Navarre.

POÉSIE LATINE.

Premier Prix. Idem, Joseph-Nicolas BARBIER, département de Paris, Collège de Navarre.

Second Prix. Vétérans. Idem, Jean-Amable PANNELIER, département de Paris, Collège d'Harcourt.

Second Prix. Nouveaux. Idem, Basile-Élisabeth Gosset, de Compiègne, département de l'Oise, Collège du Cardinal-le-Moine.

Noms de ceux qui ont le plus approché :

Idem, Pierre-Marie-Joseph Coatpont, de Quimper, département du Finistère, Collège de Louis-le-Grand.

Ambroise-Raphaël de Feilleste, département de Paris, Collège de Lisieux.

Guillaume Paulmier, de Nemours, département de Seine-et-Marne, Collège de Lisieux.

Idem, Antoine-Pierre Frison, département de Paris, Collège du Cardinal-le-Moine.

Nicaise-Hilaire Drouet Sainte-Colombe, des Andelis, département de l'Eure, Collège de Lisieux.

Fleuri-Jean-Marie L'Écluse, département de Paris, Collège de Lisieux.

VERSION DE LATIN EN FRANÇOIS.

Premier Prix. Idem, Guillaume-Marie Andrieux, de Gaillac, département du Tarn, passé du Collège de Navarre au Collège du Plessis.

Second Prix. Idem, Amand-Robert-Denis de Senneville, département de Paris, Collège de Navarre.

Noms de ceux qui ont le plus approché :

Idem, Pierre-Marie-Joseph Coatpont, de Quimper, département du Finistère, Collège de Louis-le-Grand.

Idem, Jean-Amable Pannelier, vétéran, département de Paris, Collège d'Harcourt.

Idem, Jean-Louis Burnouf, de Valogne, département de la Manche, Collège d'Harcourt.

Antoine-Pierre-Marie Millet, département de Paris, Collège de Louis-le-Grand.

Laurent de Maisonneuve, de Dax, département des Landes, Collège de Louis-le-Grand.

Idem, Annibal-Hercule Sanson du Péron, département de Paris, Collège de Navarre.

Idem, Ambroise-Raphaël de Feilleste, département de Paris, Collège de Lisieux.

VERSION DE GREC EN FRANÇOIS.

Premier Prix. Charles-François DUROSOIR, département de Paris, Collège de Navarre.

Second Prix. Idem, Jean-Louis BURNOUF, de Valogne, département de la Manche, Collège d'Harcourt.

Noms de ceux qui ont le plus approché :

Idem, Pierre Dupré, département de Paris, Collège du Cardinal-le-Moine.

Idem, Fleuri-Jean-Marie L'Écluse, département de Paris, Collège de Lisieux.

Idem, Jean-Amable Pannelier, vétéran, département de Paris, Collège d'Harcourt.

Idem, Nicaise-Hilaire Drouet Sainte-Colombe, des Andelis, département de l'Eure, Collège de Lisieux.

François-Alphonse Richard, département de Paris, Collège du Plessis.

Julien-Gabriel Cérisier, de Coutances, département de la Manche, Collège d'Harcourt.

Idem, Basile-Élisabeth Gosset, de Compiègne, département de l'Oise, Collège du Cardinal-le-Moine.

. . . .

. . . .

. . . .

INCIDENTS

DE LA DISTRIBUTION DES PRIX.

3 août 1792.

En 1792, les élèves de quelques collèges de Paris, notamment ceux des collèges de Louis-le-Grand et de Mazarin, entraînés par plusieurs de leurs camarades et séduits par les principes révolutionnaires, s'occupaient plus des questions politiques et sociales que de leurs études.

Admirateurs crédules des fougueux démocrates, ces imprudents jeunes gens ne voulaient reconnaître d'autres guides que ceux qui les avaient entraînés dans une voie si fatale; ils mettaient en action les idées de leurs chefs. Ennemis de toute contrainte, ils ne reconnaissaient plus la nécessité de l'ordre et de la discipline, ni surtout celle du travail; ils voulaient, disaient-ils, jouir d'une pleine et entière liberté; aussi prenaient-ils des congés quand bon leur semblait, et désirant faire partager à tous leurs condisciples les bienfaits de cette prétendue liberté, ils se rendaient souvent, sous la conduite de leurs chefs, dans les collèges dont les élèves restés attachés à l'ancien ordre de choses ne pouvaient se décider à partager leurs opinions; ils ouvraient les portes des classes, forçaient les élèves d'en sortir et de prendre malgré eux des congés extraordinaires. Ces actes d'insubordination se sont plusieurs fois renouvelés.

Avec de semblables dispositions, quels succès pouvaient-ils espérer à la fin de l'année scolaire? Ne devaient-ils pas voir avec indifférence, ou plutôt avec répugnance, arriver la cérémonie annuelle de la Distribution des prix du Grand Concours? Leur conduite antécédente pouvait-elle leur donner le moindre espoir d'avoir quelque part à cette Distribution?

Aussi, quand arriva ce jour (3 août 1792[1]), si impatiemment attendu par ceux qui espéraient être récompensés de leur persévérance dans le travail, on vit ces prétendus amis de la liberté, ou plutôt ces amis de la paresse, se présenter à l'entrée de la salle de la Sorbonne, où devait se faire la Distribution des prix. A peine introduits dans cette salle, ils firent entendre des cris injurieux et menaçants contre les élèves des autres collèges qui s'étaient refusés à suivre la ligne de conduite qu'ils avaient voulu leur tracer; mais ces cris ne suffisaient pas encore pour faire connaitre leurs intentions hostiles, il fallait une démonstration positive, elle eut lieu.

Quelques uns, munis d'un long bâton, au bout du quel ils avaient placé une éponge trempée dans l'encre, s'introduisirent dans la galerie qui entourait cette salle et promenèrent cette éponge sur les inscriptions indi-

1. Une fausse interprétation d'un passage d'une lettre de J.-L. Burnouf a fait croire que la distribution des prix avait eu lieu le 22 juillet. Cette erreur a été reproduite par M. Morel dans son éloge de J.-L. Burnouf et par M. Naudet dans sa notice sur MM. Burnouf. La date exacte de la distribution des prix du concours général où J.-L. Burnouf obtint le prix d'honneur est le 3 août 1792.

quant le nom de chaque collège. Les collèges d'Harcourt et de Navarre eurent les premiers cet honneur.

Cet acte, qui n'était que le prélude d'actions plus blâmables encore, fut accueilli, d'un côté, par de grands éclats de rire, et d'un autre, par des cris d'indignation. On remarquait à la tête de ceux qui s'en étaient rendus coupables leur chef ordinaire, un jeune homme qui, depuis, crut sans doute pouvoir faire oublier cette faute de sa jeunesse en prenant parti pour le gouvernement de la Restauration avec la même ardeur qu'il avait mise à soutenir ses idées révolutionnaires. C'était Martinville, qui fut rédacteur en chef du *Drapeau blanc*, journal fondé par lui et bien connu pour ses opinions antirévolutionnaires : *Quantum mutatus ab illo!*

Il était depuis peu élève boursier du collège de Louis-le-Grand ; il avait sans doute oublié ses anciens condisciples du collège d'Harcourt, avec qui il avait fait ses premières études et auxquels il avait fait alors une heureuse et honorable concurrence.

Les mêmes cris qui, au moment de l'ouverture de la salle, avaient été poussés par une partie des élèves se renouvelèrent du même côté lors de l'entrée des officiers de l'Université et des membres de la Municipalité, ayant à leur tête le maire Pétion, qui jouissait alors d'une grande popularité.

Pétion, surpris, comme tous ceux qui l'accompagnaient, d'un bruit aussi inaccoutumé dans une pareille circonstance, s'élança sur la chaise qui lui avait été préparée et réclama, par ses gestes, un silence qu'il eut bien de la peine à obtenir. Il parvint enfin à adresser à tous les élèves indistinctement une allocution dans laquelle il les engagea à la modération et au calme; ce fut inutilement; ceux sous l'influence desquels se trouvaient les élèves perturbateurs avaient un trop grand intérêt à ne pas laisser prévaloir les sages conseils du maire; leur amour-propre en eût trop souffert.

Enfin, après les discours d'usage, arriva le moment de proclamer les noms des lauréats. Le premier nom fut celui de Jean-Louis Burnouf, qui fut accueilli par les vifs applaudissements d'une grande partie des assistants; mais aussitôt ce nom prononcé, et au moment où l'officier de l'Université chargé de la proclamation se disposait à nommer le collège dont Burnouf était élève, sa voix fut couverte par les cris de ceux qui avaient décidé que le nom du collège d'Harcourt ne serait pas prononcé. Toutes les instances, soit des membres de l'Université, soit de ceux de la Municipalité, pour ramener le silence furent inutiles; à chaque nouvelle nomination, toujours les mêmes cris. Bien rarement on entendit proclamer quelques noms des élèves de l'opposition.

La cérémonie terminée, les élèves du collège d'Harcourt, qui avaient particulièrement à redouter de la part de leurs adversaires quelques actes de violence, dont ils avaient d'ailleurs été menacés hautement, à cause du prix d'honneur que venait de remporter leur camarade et ami, s'empressèrent de l'entourer et, à la sortie de la salle, ils se pressèrent à ses côtés; ils l'aidèrent à porter le glorieux fardeau dont il aurait eu peine à se charger seul et l'accompagnèrent jusqu'au collège, dédaignant de répondre aux grossières injures que leur adressaient ceux qui n'avaient réussi qu'à demi dans leur projet de désordre.

Entrés dans la cour du collège, ils conduisirent leur ami chez le proviseur; celui-ci lui adressa sur ses succès, qui, disait-il, faisaient autant d'honneur au collège qu'à lui-même, des félicitations qu'il reçut avec cette modestie dont il ne s'est jamais départi, et dont il a donné des preuves continuelles dans tout le cours de sa vie si laborieuse et toute dévouée à l'instruction de la jeunesse. Vertu, malheureusement trop rare, qui lui a mérité l'estime de tous ceux avec qui il a eu des rapports et l'amitié durable de ceux qui ont eu le bonheur de vivre dans son intimité!

(Souvenirs d'un témoin oculaire qui n'a mis aucune exagération dans ce récit et qui pourrait, à cet égard, en appeler à ceux de ses camarades de collège qui furent témoins des incidents ci-dessus rapportés. — N.-G. Poiret.)

Nogent-le-Rotrou, imprimerie Daupeley-Gouverneur.

www.ingramcontent.com/pod-product-compliance
Ingram Content Group UK Ltd.
Pitfield, Milton Keynes, MK11 3LW, UK
UKHW021518260726
13993UKWH00004B/1755

9 782329 229683